RÉPUBLIQUE FRANÇAISE.

MINISTÈRE DE L'AGRICULTURE ET DU RAVITAILLEMENT

COMMISSARIAT À L'AGRICULTURE (CÉRÉALES ET VIGNES)

6, CITÉ VANEAU, PARIS

INSTRUCTION

ACTES OFFICIELS ET DOCUMENTS

RELATIFS

À L'APPLICATION DE LA LOI DU 4 MAI 1918

PARIS

IMPRIMERIE NATIONALE

1918

Paris, le 14 juillet 1918.

INSTRUCTION

POUR

L'APPLICATION DE LA LOI DU 4 MAI 1918.

Le Commissaire à l'Agriculture

à Monsieur le Préfet.

Pour des raisons diverses, inhérentes aux circonstances actuelles, une partie du sol de France n'est plus cultivée; quantité de parcelles de terres sont abandonnées et de nombreuses exploitations sont négligées, certaines même sont totalement incultes. Il en résulte une réduction appréciable de notre production agricole et de graves difficultés pour le ravitaillement de la population civile et des Armées.

La loi du 4 mai 1918, qui complète les lois du 6 octobre 1916 et du 7 avril 1917, doit nous permettre de remédier à cette pénible situation en déterminant un relèvement appréciable du chiffre de la production des denrées alimentaires de première nécessité.

Je compte sur votre concours le plus dévoué pour en poursuivre l'application dans le plus bref délai avec méthode et énergie.

Cette nouvelle loi comporte trois principales dispositions :

1° La réquisition des terres lorsque les propriétaires ou exploitants font preuve d'insouciance ou de mauvaise volonté;

2° L'attribution d'avances sans intérêt;

3° L'attribution, par préférence, de la main-d'œuvre et des engrais dont dispose l'État aux agriculteurs chargés de remettre en culture les parcelles ou exploitations incultes.

Enfin, la loi consacre l'existence des Comités départementaux d'action agricole institués par le décret du 14 janvier 1918. Elle fait jouer à ces organismes un rôle primordial dans le relèvement de notre production nationale; c'est à eux qu'il appartient de choisir les locataires des exploitations abandonnées, de fixer le montant des avances à accorder et d'en surveiller l'emploi conformément à des directives culturales qu'ils ont mission de fixer.

Statistique des exploitations abandonnées. Le premier travail qui incombe au Comité départemental, dont vous êtes le Président, consiste à établir, de façon précise, la statistique des exploitations abandonnées en faisant appel au concours du Directeur des Services agricoles, des Professeurs d'Agriculture, des Maires, des Présidents des Syndicats agricoles, des Caisses régionales de crédit agricole, des Coopératives agricoles, des notaires, et de tous correspondants dont il jugera utile de s'entourer.

Cette statistique va permettre d'établir pour chaque exploitation une fiche comportant des indications détaillées, et notamment le nom du propriétaire, celui du fermier défaillant (s'il en existe un), la surface, la distribution des parcelles, la nature du terrain, le système de culture qui convient, la situation des bâtiments, les conditions habituelles de location, et, s'il y a lieu, l'état du matériel et du cheptel.

En un mot, les renseignements recueillis doivent servir de base pour fixer l'importance des capitaux nécessaires à la remise en bon état de culture du domaine et les conditions d'une location nouvelle ou de la prise de possession par voie de réquisition.

Les fiches, classées par le secrétaire du Comité, seront tenues à la disposition des personnes qui désireraient reprendre une exploitation; un résumé en sera transmis au Commissariat à l'Agriculture (céréales et vignes), 6, cité Vaneau, à Paris, en les groupant par pays agricoles ou zones géologiques.

Attribution des terres abandonnées ou négligées. Ainsi que le prescrit l'article 2 de la loi, il appartient au Comité communal d'action agricole de s'entremettre à l'amiable pour offrir à des cultivateurs voisins les parcelles de terre que leurs propriétaires se trouvent dans l'impossibilité de cultiver.

Le Comité départemental veillera à stimuler l'action du Comité communal; dans cette tâche, il aurait à se substituer à cet organisme dans le cas où il serait inexistant ou sans autorité.

La remise en culture des parcelles isolées sera difficilement obtenue d'une autre façon; ce n'est que dans le cas où les champs disséminés présenteraient une surface appréciable aux abords d'un village qu'on pourrait envisager leur réunion en une exploitation improvisée qui serait confiée à une coopérative ou à un agriculteur à la disposition duquel on pourrait faire mettre des bâtiments libres.

A défaut d'entente amiable la concession des parcelles séparées ou réunies par groupes aura lieu après une réquisition effectuée dans les conditions fixées par la loi du 6 octobre 1916.

*
* *

Les exploitations abandonnées ou négligées qui constituent des unités rurales complètes seront offertes soit à des agriculteurs de la commune ou du département, soit à des cultivateurs d'autres régions, notamment à des évacués de la zone envahie par l'ennemi, soit enfin à des associations constituées spécialement dans ce but.

Les secrétaires des comités tiendront un registre des noms des demandeurs; ils recevront, en outre, des listes du Commissariat mieux placé pour recevoir, avec l'Office de Reconstitution agricole, les offres des agriculteurs privés de leurs exploitations par l'invasion allemande.

Pour l'attribution des exploitations, deux cas vont se présenter : le plus souvent le propriétaire acceptera de consentir une location amiable pour une durée déterminée et à des conditions librement débattues; les Comités départementaux n'auront pas à intervenir si ce n'est pour faire accorder la préférence aux évacués, pour donner aux propriétaires tous renseignements utiles sur les aptitudes, l'honorabilité des demandeurs, et pour éviter une surenchère dans les prix de fermage.

Dans l'autre cas, le propriétaire ou le fermier se désintéressera de l'exploitation; c'est au Comité départemental qu'il appartient de faire jouer l'article 4 de la loi du 4 mai 1918 et l'article 1er de la loi du 6 octobre 1916.

Il est nécessaire de préciser les conditions dans lesquelles doit s'effectuer la réquisition des terres dans un but d'intérêt général et sans qu'il en résulte une atténuation du droit de propriété.

Le Comité départemental d'action agricole invite par lettre recommandée avec avis de réception le propriétaire ou l'exploitant habituel des terrains non cultivés à prendre des dispositions pour remettre son bien en culture; il lui offre le concours de main-d'œuvre et des avances.

Si dans les quinze jours de l'envoi, le propriétaire ne consent pas à assurer l'exploitation ou à la confier à un tiers, le Préfet, d'accord avec le Comité départemental, et après consultation du Comité communal d'action agricole, procède à la réquisition et la notifie aux intéressés par une lettre dans laquelle il est spécifié que, dans l'ihtérêt général et en application de la loi en vigueur, l'exploitation de son domaine est concédée à un particulier désigné ou à une association.

Il est rappelé dans le texte que, conformément au paragraphe 2 de l'article 7 de la loi du 4 mai 1918, le propriétaire conserve son droit de recours contre les exploitants et contre l'État dans le cas où des détériorations seraient faites aux bâtiments, immeubles par destination, matériel, ouvrages divers et plantations situés sur l'exploitation.

Enfin, la lettre de réquisition mentionne que l'effet de celle-ci est limité à la campagne agricole en cours, au moment de la cessation des hostilités (la campagne agricole est comptée du 1er septembre au 31 août de l'année qui suit).

La rétrocession au propriétaire ou la signature d'un bail amiable ne sera envisagée durant la période de réquisition que si le preneur y consent d'accord avec le Comité départemental. Dans ce cas l'exploitant pourra demander une indemnité représentant la valeur des améliorations qu'il aura réalisées, le montant en sera fixé par experts.

*
* *

Les lois des 6 octobre 1916 et 4 mai 1918 n'ont pas prévu le versement d'une indemnité annuelle au propriétaire récalcitrant durant la période de réquisition, cette question est laissée à l'appréciation du Comité départemental qui pourra inscrire dans l'acte de concession le payement d'une redevance représentant le montant des impôts et d'une indemnité si la productivité du domaine le permet.

Dans les régions d'herbages, on relève fréquemment des locations avantageuses portant exclusivement sur les prés, tandis que le fermier, suffisamment rémunéré par l'élevage et l'engraissement du bétail, se soucie fort peu de cultiver les terres arables.

Cet état de choses est préjudiciable à l'intérêt général et il y a lieu de le faire cesser.

Si le domaine comprenant prés et terres constituait avant la guerre une unité rurale exploitée en totalité par le même cultivateur et si la culture des terres arables est systématiquement délaissée, la réquisition de l'ensemble du domaine pourra être prononcée après une injonction restée sans effet et faite, dans les formes régulières et légales, au fermier des prairies.

La réquisition pourra être prononcée comme il est dit ci-dessus, dans le cas où la terre inculte appartient ou est affermée à un mobilisé ou à une veuve de la guerre et s'ils entendent réserver leurs droits.

Conformément à l'article 4 de la loi du 4 mai 1918, le Comité départemental doit, pour la concession de l'exploitation d'une terre abandonnée, donner la préférence aux évacués des régions envahies.

*
* *

Dans le cas de parcelles abandonnées, l'acte de concession est passé avec le preneur par le maire président du Comité communal ou à son défaut par le préfet; dans le cas de fermes abandonnées réquisitionnées le contrat de cession est passé par le propriétaire ou à son défaut par le préfet président du Comité départemental.

Si la concession est faite à une association, elle devra être régulièrement constituée; c'est une condition indispensable pour qu'elle puisse, d'autre part, recevoir les avances prévues par la loi.

De toutes les associations, les coopératives étant celles qui peuvent le mieux donner leur concours à la réalisation du but que nous poursuivons, les Comités départementaux devront s'efforcer de leur accorder la préférence pour l'attribution d'une terre abandonnée; les coopératives constituées dans l'ancienne zone récupérée avaient donné d'excellents résultats en mettant en commun l'usage du sol. Il faut en encourager la constitution à l'intérieur. Celles fonctionnant déjà avec un plein succès dans l'Eure-et-Loir, le Gers et la Haute-Garonne peuvent servir d'exemple. Les évacués d'une même commune trouveront dans la coopération un moyen efficace et puissant pour reconstituer leur patrimoine, en même temps qu'elle leur permettra de conserver d'excellentes relations de voisinage particulièrement précieuses pour atténuer les douleurs de l'exil.

Il faut prévoir également l'attribution des exploitations abandonnées à des sociétés foncières dont nous pouvons dès maintenant supputer la création en vue de l'organisation de vastes exploitations, véritables usines agricoles, pourvues d'un outillage moderne à grosse production.

Enfin, la commune peut poursuivre l'exploitation directe du domaine réquisitionné en employant le concours d'un régisseur ou chef de culture; comme les particuliers, elle aura la faculté de consacrer à cette exploitation les avances de la loi du 4 mai 1918; dans ce dernier cas, la répartition des bénéfices aura lieu dans les conditions prévues par l'article 3 de la loi du 6 octobre 1916. Il est bien entendu que les propriétaires qui auront refusé de s'occuper de l'exploitation du domaine ne recevront pas d'indemnité.

*
* *

Prise de possession du domaine. Avant la prise de possession des parcelles et des exploitations abandonnées, il est indispensable, et cela pour faciliter le règlement des difficultés qui pourraient survenir avec le propriétaire ou le locataire titulaire, de rédiger un état des lieux et un inventaire certifiés par le maire et un délégué du Comité départemental d'action agricole.

*
* *

Constitution des dossiers de demandes d'avances. Toutes les demandes d'avances sont adressées au Préfet, président du Comité départemental d'action agricole. Pour en faciliter l'examen, elles devront être autant que possible rédigées conformément aux indications contenues dans le modèle ci-joint (annexes 4 et 5).

Afin de donner rapidement une solution à chacune des affaires, je vous engage vivement à les transmettre, dès leur réception, au directeur des services agricoles qui sera chargé de procéder immédiatement à leur instruction en accord avec le membre du Comité départemental de l'arrondissement où se trouve située l'exploitation.

Le professeur d'agriculture adjoint ou celui de l'arrondissement intéressé sont tout désignés pour aider les directeurs des services agricoles dans cette tâche.

Un dossier sera constitué pour chaque affaire, il comprendra :

1° La demande d'avance signée de l'intéressé ;

2° Une copie certifiée conforme du bail conclu avec le propriétaire s'il s'agit d'un bail amiable ;

3° Copie de la lettre de réquisition et de l'état des lieux s'il s'agit d'une exploitation requise et concédée ;

4° Une note sur les conditions de constitution de Société coopérative de culture et sur la valeur des personnes qui en ont la direction, lorsque la demande d'avance sera introduite par une Société coopérative de culture.

Une feuille de renseignements sur la solvabilité et les antécédents professsionnels de l'agriculteur qui demandera une avance pour son compte personnel. S'il s'agit d'un évacué ce renseignement sera demandé à l'Office de reconstitution agricole, 63, rue de Varenne, à Paris ;

5° Le relevé des avances en nature (matériel et animaux) qui auront été consenties par ledit office ;

6° Le rapport détaillé du délégué du Comité avec son appréciation et ses conclusions indiquant notamment le chiffre de l'avance proposée et la répartition par acomptes avec les dates de versement.

Les membres du Comité départemental choisis, comme le prescrit le décret, parmi les agriculteurs praticiens du département, sont qualifiés pour apprécier le montant des capitaux d'exploitation nécessaires pour assurer la remise en culture des parcelles ou des domaines abandonnés.

D'ailleurs, le délégué au cours de l'étude qu'il fera sur place consultera utilement les cultivateurs voisins placés dans des conditions culturales identiques ; un coup d'œil jeté sur des exploitations en pleine marche fixera sur l'importance du matériel et du cheptel nécessaires à la reconstitution du domaine abandonné ou négligé.

Dans l'estimation du capital d'exploitation, il faudra tenir compte du système cultural, de la répartition des cultures, de la situation économique du domaine, de l'état des terres, etc.

Pour permettre une estimation plus facile des besoins, les demandeurs donneront un détail estimatif de l'emploi des fonds comprenant : dépenses de matériel, de cheptel, de semences, d'engrais, de main-d'œuvre. A ces chiffres s'ajouteront les avances pour fonds de roulement (dépenses de maison, payement des ouvriers, frais de voyage et d'installation, etc.) qui seront d'autant plus importants que la récolte sera plus éloignée et l'exploitation plus négligée.

Il est prudent de prévoir une certaine somme pour l'exécution de réparations locatives sommaires dans le cas où le propriétaire se refuserait à les effectuer ; le montant en sera déduit, s'il y a lieu, sur l'indemnité prévue pour le fermage.

En aucun cas, l'ouverture de crédit faite à un agriculteur, à un comité, à une coopérative, ne devra dépasser le chiffre de 250 francs par hectare pour les parcelles abandonnées et 1,000 francs par hectare pour les exploitations abandonnées.

Ces maxima sont respectivement portés à 500 et à 2,000 francs si les exploitants sont des agriculteurs des régions envahies.

Ces chiffres n'ont rien d'excessif ; ils correspondent au montant des capitaux d'exploitation qu'on enregistrait fréquemment avant la guerre dans les bonnes fermes du Soissonnais, de la Brie et de la Beauce ; malgré l'augmentation des prix des animaux, des machines agricoles, des engrais, de la main-d'œuvre, ils seront cependant suffisants dans la plupart des cas pour permettre de parfaire les ressources personnelles dont peuvent disposer les preneurs.

La question se pose de savoir si des avances peuvent être attribuées à des cultivateurs qui reprennent en cours ou en fin de bail les exploitations cultivées et qui rachètent, à leur prédécesseur, cheptel, matériel et récoltes, estimés en détail ou chiffrés par hectare.

Cette question est délicate ; elle ne peut recevoir une réponse précise ; la solution variera avec les situations. Il est clair qu'il ne saurait être accordé des avances si l'exploitation est régulièrement cultivée dans toute son étendue et si elle fournit des rendements au moins égaux à la moyenne de la région. Par contre, les avances pourront être attribuées si une partie du domaine reste en jachère et si l'ensemble des cultures donne l'impression d'une insuffisance de moyens.

On doit estimer que le législateur n'a pas désiré seulement la remise en culture de terres abandonnées et envahies par les mauvaises herbes, il a voulu également — plus certain d'atteindre le but poursuivi — un accroissement de la production des denrées alimentaires, sur les exploitations négligées du fait de la situation particulièrement critique dans laquelle se trouvent placés certains exploitants (veuves de la guerre, femmes de mobilisés ou de prisonniers, etc.).

Nous avons le devoir de prévenir l'abandon de terres plus ou moins négligées que des veuves de la guerre pourraient quitter en vertu des dispositions de la loi du 17 août 1917.

De même, rien ne paraît s'opposer a ce que des avances soient consenties à des agriculteurs originaires des pays alliés désireux d'apporter leur concours pour remettre en culture une partie de la terre de France.

*
* *

Pendant la première période d'application de la loi qui va correspondre aux mois de juillet, août et septembre, les Comités départementaux se réuniront toutes les semaines pour examiner les dossiers de demandes d'avances, ils devront statuer dans le plus bref délai et motiver leur décision dans une courte délibération qui restera au dossier du demandeur.

Après la séance, un compte rendu en sera transmis au Commissariat à l'Agriculture avec un relevé des avances consenties mentionnant les noms des bénéficiaires, leur résidence, la surface de leur exploitation et la somme proposée.

Le Commissaire donnera son approbation ou communiquera ses observations en vue d'un nouvel examen de la demande.

L'essentiel est d'aller rapidement pour permettre la préparation des terres destinées aux prochaines semailles.

Dans le cas où des divergences de vues se produiraient sur l'interprétation de la loi et du décret d'Administration publique, en ce qui concerne notamment l'attribution des avances, vous auriez à en saisir le Commissariat, chargé par délégation spéciale du Ministre de l'Agriculture et du Ravitaillement, de statuer sur toutes les questions relatives à l'application de la loi sur la mise en culture des terres abandonnées.

*
* *

Comptabilité. — Garanties et assurances. Conformément à l'article 6 de la loi, des fonds seront mis à votre disposition par le Ministère de l'Agriculture, en votre qualité de Président du Comité départemental ; l'importance de ces crédits sera proportionnée aux demandes reçues ; il les dépassera toujours de façon à éviter un retard dans les attributions.

Une comptabilité spéciale confiée à un agent désigné par vos soins sera tenue conformément aux prescriptions du décret du 12 juillet 1918.

Dans la limite des sommes mises à votre disposition et du crédit ouvert par le Comité départemental, vous aurez à émettre des mandats au profit des bénéficiaires des avances.

Ces mandats délivrés sur la caisse du trésorier payeur général du département et au titre du compte spécial hors budget prévu à l'article 10 du décret du 12 juillet 1918 sont payables à la caisse des comptables du Trésor : trésoriers généraux, receveurs des finances et percepteurs.

Avant d'accorder une avance, le Comité départemental d'action agricole pourra rechercher s'il y a lieu de demander des garanties spéciales comme, par exemple, le warrantage des récoltes.

Il devra veiller à ce que les assurances agricoles prévues par l'article 4 du décret soient bien contractées. Elles devront l'être de préférence auprès de sociétés d'assurances mutuelles du département.

*
* *

Utilisation des avances. — Il ne peut être question de fixer de façon précise le mode d'utilisation des avances consenties par l'État et d'imposer un système de culture au bénéficiaire.

Ce système varie avec les régions ; il est la résultante de circonstances dont quelques-unes, d'importance primordiale, sont indépendantes de la volonté de l'homme.

Cependant, nous ne devons pas perdre de vue que le principal objectif à poursuivre doit être la production des denrées alimentaires de première nécessité et notamment des céréales panifiables.

Les avances ne pourront donc, en aucun cas, servir à des plantations de vignes, de vergers, ainsi qu'à des créations d'herbages, en admettant même que les conditions économiques de la région soient favorables à ces productions.

Le bénéficiaire d'une avance devra donc s'ingénier — en admettant même que son profit soit moindre — à augmenter dans la mesure du possible l'importance des surfaces consacrées aux céréales d'automne et de printemps et aux cultures de pommes de terre.

Lorsque la qualité du sol, la situation économique et le climat imposeront un système cultural spécial : exemple la production de légumes, de plantes oléagineuses, textiles ou médicinales, etc., il appartiendra au Comité de statuer sur les propositions qui lui seront faites et d'accorder des dérogations au principe ci-dessus.

*
* *

Contrôle. Les inspecteurs du Service de l'Inspection générale du crédit et des associations agricoles subventionnées et des délégués spéciaux, rattachés à ce corps, pourront, à tout moment, d'accord avec le commissaire à l'Agriculture, vérifier dans les préfectures la comptabilité générale des avances ainsi que les comptes particuliers. Ils visiteront seuls, ou en compagnie des membres du Comité, les exploitations remises en culture et s'assureront notamment que le matériel, les animaux et les récoltes sont garantis contre tous risques d'incendie ; que la ferme est bien tenue et que des mesures rigoureuses d'hygiène entourent les animaux.

*
* *

Remboursement des avances. En principe les avances sont consenties pour une année ou plus exactement pour la durée d'une campagne agricole, c'est-à-dire qu'une avance accordée pour la préparation d'une récolte est remboursable avant le 31 décembre de l'année pendant laquelle a été réalisée cette récolte.

Les avances sont renouvelables ; la fraction exigible en fin d'année est laissée à l'appréciation des Comités départementaux. En aucun cas, elle ne sera inférieure au cinquième pour les exploitants ordinaires et au dixième pour les agriculteurs venant des régions envahies.

Si le bénéficiaire d'une avance en a utilisé une partie pour reprendre une exploitation sur laquelle il existait des ensemencements, le remboursement de la somme consacrée à l'achat des récoltes en sera exigible l'année même, avant le 31 décembre.

Il en sera déduit les frais de récolte, de vente, et la valeur des semences nécessaires aux prochaines semailles.

Pour la fixation du chiffre des remboursements, les membres du Comité se baseront sur les déclarations contrôlées des intéressés faites comme il est prescrit à l'article 11 du décret.

Dans le cas de cessation de bail, ou de départ du concessionnaire d'une terre abandonnée, le remboursement du reliquat des sommes dues sera exigé au moment de la cessation de la culture, et le montant en sera gagé sur la valeur du matériel, des animaux et des cultures, dont la vente à l'amiable ou par autorité de justice pourra être décidée par le Préfet, président du Comité départemental d'action agricole.

*
* *

Une disposition spéciale est prévue pour les agriculteurs des pays envahis qui retourneront sur leur exploitation primitive en emportant avec eux la totalité ou une partie du matériel et du cheptel qu'ils auront reconstitués.

La valeur de ces éléments sera fixée contradictoirement par deux experts désignés l'un par l'intéressé, l'autre par le Comité départemental et en cas de désaccord par un tiers expert choisi par les deux parties. Cette valeur, qui ne saurait, en aucun cas, dépasser le prix d'achat, sera imputée sur l'indemnité à recevoir par les intéressés au titre de la réparation des dommages de guerre, à concurrence du montant total de cette indemnité.

*
* *

Avances en nature aux évacués. L'Office de Reconstitution agricole continue la mission qu'il tient de la loi du 3 août 1917 auprès des cultivateurs des régions envahies et qui reprennent une exploitation en France libre. Il leur fournira donc, *dans la limite de ses disponibilités*, directement ou par l'entremise des sociétés tiers-mandataires de leur département d'origine, les instruments agricoles, bétail et semences dont ils auront besoin. Ces avances en nature seront remboursées à l'Office soit au comptant sur les fonds qu'obtiendront les cultivateurs par application de la loi du 4 mai 1918, soit si l'exploitation qu'ils reprennent n'ayant pas le caractère de « terres abandonnées » ne leur donne pas le droit d'obtenir des fonds de l'espèce, par délégation sur leur indemnité pour dommages de guerre.

Dans le premier cas, l'Office vous adressera, pour exécution, l'ordre de reversement au Trésor du montant de la concession, et vous le prélèverez sur le crédit ouvert à l'intéressé par le Comité départemental d'action agricole.

Dans le second cas, l'imputation de la cession au compte des dommages de guerre de l'intéressé sera effectuée par la préfecture du département d'origine sans que celle du département de la résidence actuelle ait à intervenir.

*
* *

Avances de semences à tous les cultivateurs. La loi du 4 mai contient dans son article 9 une disposition qui intéresse tous les agriculteurs; elle est relative à la distribution de semences remboursables en nature après la récolte.

Cette disposition ne fait d'ailleurs que confirmer les mesures édictées par l'arrêté du 27 octobre 1917 pour le manitoba et confirmées par les circulaires des 13 février et 14 mars 1918 du Sous-Secrétaire d'État du Ravitaillement pour les autres céréales.

Vous aurez à centraliser les demandes des cultivateurs et à les transmettre à mes services.

Le compte ouvert sur les livres du Ravitaillement au nom de chaque préfecture bénéficiaire des cessions de semences sera débité de toutes les livraisons effectuées et utilisées dans le département.

Les cultivateurs devront prendre dans leur demande de semences l'engagement de restituer, après les battages, une quantité de grains égale à celle qui leur aura été délivrée ou de payer la valeur de la semence fournie.

La comptabilité relative à ces cessions est distincte de celle instituée en application de la loi qui nous occupe.

*
* *

On chercherait en vain dans le texte de la loi du 4 mai une autre préoccupation, une autre tendance, une autre intention que celle toute simple qui consiste à réaliser une organisation méthodique de la mise en culture des terres avec le concours de bonnes volontés agissantes.

Peut-on discuter l'attribution par l'État d'avances remboursables à des cultivateurs pleins de bonne volonté dont un trop grand nombre ont été chassés de leur exploitation par un brutal envahisseur ?

Peut-on reprocher à l'Administration de l'Agriculture de provoquer et d'encourager la création de coopératives de culture qui, par la mise en œuvre de procédés nouveaux, notamment de tracteurs mécaniques, vont permettre de remplacer la main-d'œuvre qui fait défaut ?

Peut-on, raisonnablement, faire un grief à ceux qui cherchent à ramener la vie dans des exploitations abandonnées et à améliorer la situation économique du pays et son ravitaillement par le relèvement de la production en céréales panifiables ?

Tous les gens de bon sens comprendront le but poursuivi par le législateur et vous apporteront, j'en suis persuadé, Monsieur le Préfet, un concours d'autant plus efficace qu'il vous faudra agir vite et que vous aurez vous-même fait preuve d'une plus grande initiative dans l'application de la loi du 4 mai.

Vous pouvez d'ailleurs être assuré que les Services du Commissariat à l'Agriculture ne manqueront pas de vous fournir les éclaircissements qui pourraient vous être nécessaires pour l'accomplissement de l'importante et délicate mission que je vous demande de réaliser avec tout votre dévouement, dans un but supérieur d'intérêt national.

Pour le Ministre et par délégation :

Le Commissaire à l'Agriculture,

COMPÈRE-MOREL.

ANNEXE N° 1.

LOI

relative à la mise en culture des terres abandonnées.

Le Sénat et la Chambre des députés ont adopté,

Le Président de la République promulgue la loi dont la teneur suit :

TITRE PREMIER.

Parcelles abandonnées.

ARTICLE PREMIER.

Pour faciliter aux agriculteurs la reprise de la culture des parcelles abandonnées, les comités communaux d'action agricole se mettront en rapport avec la commission départementale de main-d'œuvre agricole, l'office départemental des engrais et les autres services de la préfecture, qui s'efforceront de procurer aux intéressés la main-d'œuvre, les matières et les objets indispensables à la culture.

ART. 2.

Lorsqu'un agriculteur se trouvera hors d'état de mettre en valeur certaines parcelles de son exploitation, le comité communal d'action agricole s'entremettra pour en provoquer la location à des agriculteurs voisins.

A défaut d'entente amiable, le maire, ou à son défaut le préfet, pourra, sur la demande du comité communal d'action agricole, réquisitionner les terrains dans les conditions fixées par l'article 1er de la loi du 6 octobre 1916 et en concéder l'exploitation à des agriculteurs de son choix et dans des conditions qu'il déterminera d'accord avec le comité départemental d'action agricole.

La durée des concessions, faites par le maire ou à son défaut par le préfet, ne devra pas excéder le temps nécessaire pour la production d'une récolte annuelle.

Dans les régions libérées, le préfet pourra, agissant au nom de l'État, traiter tout contrat pour la mise en culture des terres abandonnées ou incultes ses exploitants présents ou absents. Toutefois, en ce qui concerne les présents, le préfet devra remplir les formalités d'avertissement prévues par l'article 4 de la présente loi sans consultation préalable des comités d'action agricole.

TITRE II.

Exploitations abandonnées.

ART. 3.

Dans chaque département, le comité départemental d'action agricole établit la liste des exploitations abandonnées, avec l'indication des renseignements suivants : surfaces cultivables, nature des cultures susceptibles d'y être entreprises, bâtiments, matériel subsistant, cheptel mort et cheptel vif à fournir et capital à engager pour la reprise de l'exploitation, intentions et moyens d'action personnels de l'exploitant habituel ou du propriétaire.

Il communique ces renseignements au Ministère de l'Agriculture, qui les centralise.

ART. 4.

Le comité départemental se met en rapport avec l'exploitant habituel en vue de le déterminer à reprendre l'exploitation et lui adresse, à cet effet, une lettre recommandée avec avis de réception.

S'il ne reçoit pas de réponse satisfaisante dans les quinze jours de l'envoi de cette lettre, il recherche, de concert avec le propriétaire, les moyens de remettre son domaine en culture et lui adresse, à cet effet, une lettre recommandée avec avis de réception.

Si le propriétaire ne consent pas, dans les quinze jours de l'envoi de cette lettre, à assurer l'exploitation ou à la confier à un tiers, le préfet, d'accord avec le comité départemental et après consultation du comité communal d'action agricole, a le droit de la concéder à un ou plusieurs agriculteurs de son choix, à des syndicats ou à des coopératives de culture aux conditions qu'il déterminera.

La durée des contrats passés, soit par le propriétaire, soit par le préfet, sans le consentement de l'exploitant habituel, ne pourra excéder le temps nécessaire pour la production d'une récolte annuelle.

Lorsque le comité départemental se trouvera en présence d'une demande émanant d'un ou de plusieurs agriculteurs des régions envahies — ceux-ci groupés en association agricole de culture — il leur donnera la préférence pour l'exploitation des terres abandonnées.

Cette concession se terminera dès l'enlèvement de la récolte qui suivra la fin des hostilités.

Les avances qui leur auront été consenties seront imputées sur leurs dommages de guerre et à des prix à déterminer par expertise contradictoire.

Dans le cas d'entente amiable entre un propriétaire de ferme inculte et un agriculteur des régions envahies, ce dernier bénéficiera des dispositions de la présente loi.

ART. 5.

Le Ministre de l'Agriculture et du Ravitaillement tiendra un répertoire des demandes des agriculteurs, des syndicats et des coopératives de culture désireux de remettre en culture les exploitations abandonnées. Il communiquera à chaque comité départemental d'action agricole celles de ces demandes susceptibles d'intéresser son département.

TITRE III.

Des avances.

———

ART. 6.

Des avances remboursables sans intérêt pourront être consenties aux préfets, présidents des comités départementaux, par le Ministre de l'Agriculture, dans les limites d'une somme totale de cent millions de francs (100 millions), en vue de faciliter la remise en culture des parcelles et des terres abandonnées.

Ces avances pourront être utilisées par les comités départementaux, après consultation des comités communaux, soit pour le payement des animaux, du matériel, des semences ou des engrais qu'ils auraient achetés ou loués, soit sous forme d'avances pour fonds de roulement, accordées aux exploitants habituels ou à ceux qui les remplacent pour la mise en valeur des parcelles et des exploitations abandonnées.

Les avances consenties aux comités départementaux seront portées, au fur et à mesure de leur réalisation, au débit d'une section particulière du compte spécial créé par la loi du 7 avril 1917.

5.

Seront inscrits au crédit de la même section les crédits budgétaires accordés en vue des avances prévues au présent article.

Un règlement d'administration publique déterminera les conditions dans lesquelles seront accordées ces avances ainsi que celles dans lesquelles leur utilisation sera suivie et contrôlée.

ART. 7.

En cas de déficit de l'exploitation assurée par les particuliers et les groupements à qui le maire ou le préfet aura concédé des parcelles ou des exploitations abandonnées, et après justification des comptes approuvés par le préfet, aucune action en responsabilité ne pourra, hors le cas de fraude, être exercée contre les exploitants.

Les propriétaires des immeubles conserveront leur droit de recours contre les exploitants et contre l'État dans le cas où des détériorations seraient faites aux bâtiments, immeubles par destination, matériel, ouvrages divers et plantations situés sur l'exploitation.

TITRE IV.

Dispositions générales.

ART. 8.

La main-d'œuvre d'État, les engrais répartis par l'État et les carburants destinés aux usages agricoles seront attribués par priorité aux agriculteurs qui se livreront aux cultures essentielles à la résistance du pays, telles qu'elles ont été et seront définies par le Ministre de l'Agriculture.

ART. 9.

Des semences de céréales seront mises à la disposition des cultivateurs, des syndicats ou des coopératives de culture et des comités d'action agricole qui le demanderont en échange d'une quantité de grains de valeur correspondante.

Les exploitants dont les ressources sont insuffisantes et qui ne disposent pas de céréales à donner en échange seront autorisés à rembourser en nature, lors de la récolte qui suivra, les avances de semences qui leur seront consenties au moment des emblavures.

ART. 10.

Toute personne qui entraverait la mise en culture de la parcelle ou de l'exploitation concédée sera punie d'une amende de cinq cents francs (5oo fr.) à dix mille francs (1o,ooo fr.) et d'un emprisonnement d'un mois à un an de prison ou de l'une de ces deux peines seulement.

L'article 463 du Code pénal et la loi du 26 mars 1891 sont applicables aux faits visés par cet article.

ART. 11.

Les contestations qui s'élèveraient sur l'interprétation des baux à l'occasion de l'application de la présente loi seront jugées par les commissions arbitrales instituées par la loi du 17 août 1917 et dans les conditions fixées par cette loi.

ART. 12.

L'application de la présente loi cessera à la fin de la campagne agricole en cours au moment de la cessation des hostilités.

La présente loi, délibérée et adoptée par le Sénat et par la Chambre des députés, sera exécutée comme loi de l'État.

Fait à Paris, le 4 mai 1918.

R. POINCARE.

Par le Président de la République :

*Le Ministre de l'Agriculture
et du Ravitaillement,*

Victor Boret.

Le Ministre des Finances,

L.-L. Klotz.

ANNEXE N° 2.

LOI DU 6 OCTOBRE 1916

*sur la Mise en Culture des terres abandonnées
et l'organisation du travail agricole pendant la guerre.*

ARTICLE PREMIER.

A compter de la promulgation de la présente loi, le Maire de chaque commune, assisté de deux conseillers municipaux, invitera par lettre recommandée, le propriétaire ou l'exploitant habituel des terrains non cultivés à mettre, s'il y a lieu, ces terrains en culture. Si dans les quinze jours de l'envoi, l'exploitant ne justifie pas de raisons indépendantes de sa volonté l'ayant contraint à abandonner sa terre, le Maire aura le droit de réquisitionner ces terrains et il pourra les livrer, pour être mis en culture, au Comité communal d'action agricole, constitué par décret. Au cas où les exploitants se trouveraient dans l'impossibilité reconnue de les cultiver eux-mêmes, en tout ou en partie, le Maire pourra confier à celui-ci, avec le concours de l'exploitant, la direction de l'exploitation à effectuer.

Pour l'exécution des travaux agricoles en général, même pour la culture des terres qui continuent à être exploitées, le Maire aura le droit de réquisition, en ce qui concerne les machines et les instruments agricoles, les locaux, la traction animale et mécanique disponibles dans la commune.

Des arrêtés préfectoraux, soumis à l'approbation du Ministre de l'Agriculture, détermineront les formes et les limites dans lesquelles les municipalités pourront opérer ces réquisitions, ainsi que le mode de règlement des indemnités.

Ne pourront être l'objet d'aucune réquisition comme bêtes de trait mais seulement être employées du libre consentement de leur propriétaire, les juments et les vaches exploitées pour la reproduction en même temps que comme bêtes de trait.

Les communes sont autorisées, dans les conditions prévues à l'article 2, à acquérir les instruments et les moteurs utiles à la culture. Ceux qui existent dans la commune ne seront réquisitionnés qu'à défaut de location amiable et en tenant compte des besoins des propriétaires réquisitionnés.

Les agriculteurs mobilisés bénéficiant de permissions pour travaux agricoles ont droit à la gratuité du voyage à l'aller et au retour.

ART. 2.

Les dépenses à engager, les avances à faire pour l'exécution de ces travaux seront assurées par la commune. Les sommes demandées à cet effet par les communes pourront, après avis de la commission de répartition du crédit agricole, leur être attribuées par le Ministre de l'Agriculture, sur les fonds de la dotation générale du crédit agricole et par l'intermédiaire des caisses régionales.

Ces caisses recevront un intérêt de 1 o/o des communes auxquelles elles feront des avances.

L'effet souscrit par une commune en garantie de l'avance accordée sera remboursable au plus tard dans le délai de six mois suivant la récolte. A l'échéance, le préfet, s'il en est requis par ladite caisse, sera tenu d'inscrire cette créance au rôle des recouvrements de la commune, comme en matière de contributions directes.

En aucun cas, la caisse régionale ne sera responsable envers l'État du prêt consenti par son intermédiaire.

ART. 3.

En cas de bénéfices :

S'il s'agit d'un mobilisé ou de sa famille, les sept dixièmes du bénéfice net lui resteront acquis, deux dixièmes seront attribués à la commune et un dixième sera versé à un compte spécial de la caisse régionale de crédit agricole pour être reversé à l'État et être affecté à la partie de la dotation générale du crédit agricole représentée par les redevances de la Banque de France.

S'il s'agit d'un non mobilisé ou de sa famille : les cinq dixièmes du bénéfice net lui seront acquis, trois dixièmes du bénéfice seront attribués à la commune et deux dixièmes seront versés à un compte spécial de la caisse régionale du crédit agricole pour être reversés à l'État et être affectés à la même dotation de crédit agricole.

En cas de déficit :

Après simple justification, des comptes approuvés par le Conseil municipal, aucune action en responsabilité ou en reddition de comptes ne pourra, hors les cas de fraudes, être exercée personnellement ou collectivement soit contre le maire, soit contre la municipalité, soit contre les exploitants substitués.

La perte se répartira ainsi qu'il suit :

S'il s'agit d'un mobilisé ou de sa famille, deux dixièmes resteront à la charge de la commune et les huit autres dixièmes seront imputés sur la dotation générale du crédit agricole et réglés par l'intermédiaire de la caisse régionale du crédit agricole.

S'il s'agit d'un non mobilisé ou de sa famille, trois dixièmes resteront à la charge du non mobilisé ou de sa famille ; deux dixièmes resteront à la charge de la commune, et les cinq autres dixièmes seront imputés sur la dotation générale du crédit agricole et réglés par l'intermédiaire de la caisse régionale du crédit agricole.

Dans tous les cas de déficit à inscrire au compte des exploitants, la commune avancera les fonds et recouvrera sur l'exploitant au moyen de taxes communales assimilées aux contributions directes.

Le fermage des terres réquisitionnées, ne sera pas dû aux propriétaires lorsque l'exploitation de ces terres aura laissé un déficit.

ART. 4.

Les terrains réquisitionnés ou mis en culture par le Comité communal d'action agricole pourront être remis aux ayants droit après leur réquisition et leur mise en culture si le propriétaire ou détenteur le demande, en garantissant la commune des dépenses et des avances faites.

ART. 5.

La présente loi, si elle n'est pas prorogée, n'est applicable que pendant la durée de la mobilisation.

ANNEXE N° 3.

DÉCRET

portant règlement d'administration publique pour l'application de la loi du 4 mai 1918 et relatif aux avances de l'État pour la mise en culture des terres abandonnées.

Le Président de la République française,

Sur le rapport du Ministre de l'Agriculture et du Ravitaillement, du Ministre des Finances et du Ministre du Blocus et des Régions libérées ;

Vu la loi du 4 mai 1918., relative à la mise en culture des terres abandonnées et notamment le dernier alinéa de l'article 6, ainsi conçu : « Un règlement d'administration publique déterminera les conditions dans lesquelles seront accordées ces avances ainsi que celles dans lesquelles leur utilisation sera suivie et contrôlée » ;

Vu la loi du 6 octobre 1916 et celle du 7 avril 1917, relatives à la mise en culture des terres abandonnées ;

Vu le décret du 14 janvier 1918, instituant des Comités départementaux d'action agricole ;

Le Conseil d'État entendu,

DÉCRÈTE :

ARTICLE PREMIER.

Les avances prévues par l'article 6 de la loi du 4 mai 1918, pour la mise en culture des parcelles ou exploitations abandonnées sont consenties aux préfets, présidents des Comités départementaux d'action agricole, par le Ministre de l'Agriculture et du Ravitaillement, après avis d'une Commission composée des deux Commissaires à l'Agriculture pour la métropole, du Directeur de l'Agriculture, d'un Inspecteur général de l'Agriculture, de l'Inspecteur général du Crédit agricole, d'un fonctionnaire du Service de la Motoculture, de deux agriculteurs, d'un représentant du Ministre des Finances et d'un représentant du Ministre du Blocus et des Régions libérées.

En dehors de ces membres, les Inspecteurs de l'Agriculture et les Inspecteurs des Caisses de Crédit agricole mutuel peuvent être appelés à la Commission avec voix consultative et chargés de rapports.

Le Ministre de l'Agriculture et du Ravitaillement nomme les membres de la Commission, son président et son vice-président; il détermine le fonctionnement de cette Commission et organise son secrétariat.

Cette Commission donne également son avis sur toutes les questions concernant le Service des avances qui sont renvoyées à son examen par le Ministre de l'Agriculture et du Ravitaillement.

ART. 2.

Les opérations de recettes et de dépenses effectuées à raison des avances prévues par l'article 6 de la loi du 4 mai 1918 sont inscrites à une section particulière du compte spécial « Travaux de culture » créé par la loi du 7 avril 1917 et quiest, par suite, divisé en deux sections :

Section *a*. (Opérations relatives à l'application de la loi du 7 avril 1917.)

Section *b*. (Opérations relatives à l'application de la loi du 4 mai 1918.)

Seront portés au compte relatif à l'application de la loi de 1918 :

En recettes :

1° Les crédits budgétaires accordés en vue d'avances ;

2° Les sommes provenant des remboursements effectués par les Comités départementaux.

En dépenses :

Les avances consenties aux Comités départementaux d'action agricole.

ART. 3.

Les Comités départementaux d'action agricole, constitués par le décret du 14 janvier 1918, attribuent, à titre d'avances, aux agriculteurs et groupements agricoles, pour la mise en culture des parcelles et des exploitations abandonnées, les fonds mis à leur disposition par le Ministre de l'Agriculture et du Ravitaillement.

Les agriculteurs et groupements agricoles doivent, pour participer aux avances prévues par l'article 6 de la loi du 4 mai 1918, adresser leur demande au Président du Comité départemental d'action agricole. .

Ils font connaître dans cette demande le titre en vertu duquel ils exploitent le sol, les circonstances dans lesquelles ce titre a été obtenu, l'étendue des terres à mettre en culture, la nature des ensemencements, l'évaluation des dépenses à faire en main-d'œuvre, en matériel et en produit, les moyens d'action du demandeur, le montant, la nature et le mode de délivrance de l'avance sollicitée.

Si le demandeur cultive d'autres terres que celles à raison desquelles il sollicite une avance, il indique leur étendue et les cultures qu'elles doivent porter.

Le Président fait instruire les demandes; le Comité statue sur elles et détermine en même temps les conditions du prêt, les dates de versement et les justifications à produire pour obtenir de nouveaux versements, si ceux-ci sont échelonnés.

Si les crédits ne permettent pas de donner satisfaction à toutes les demandes, la préférence est donnée à celles émanant d'agriculteurs des départements victimes de l'invasion.

Il est rendu compte à la Commission prévue à l'article 1er de toutes les avances accordées par le Comité départemental.

ART. 4.

Lorsqu'une avance aura été accordée par le Comité départemental le Préfet, Président du Comité, passe l'acte de prêt qui contient, outre les conditions générales et particulières du prêt, une clause spéciale affectant en garantie, jusqu'à due concurrence, pour le remboursement des avances et dans les conditions autorisées par les lois, tout ou partie du matériel agricole, des récoltes et du produit des assurances que le bénéficiaire sera tenu de contracter.

Si une expertise contradictoire n'a pas été faite lors de la prise de possession par l'exploitant, le Préfet désigne dans l'acte, par lequel l'avance est constituée, l'expert qui représentera l'Administration pour établir contradictoirement avec les intéressés l'état des lieux qui servira de base pour la liquidation de l'entreprise.

ART. 5.

Le Comité départemental peut décider qu'il fera des avances en nature et acquérir, à l'aide des crédits ouverts par l'État, dans la limite et les conditions fixées par le Ministre de l'Agriculture et du Ravitaillement, le matériel et les produits nécessaires à la mise en culture des parcelles ou des exploitations abandonnées.

Tout le matériel et les produits achetés pour cette destination font l'objet d'une comptabilité-matières tenue par un agent comptable spécial désigné par le Préfet et placé sous sa direction. Cet agent, qui est responsable des opérations, prend charge des objets en quantité et en valeur. Il établit, à cet effet, des récépissés à souche qui sont joints aux autres pièces destinées à justifier l'émission d'ordres de payement au profit des fournisseurs. Il ne remet les objets et matières aux bénéficiaires des avances en nature qu'au vu d'autorisations du Préfet, qu'il produit, à l'appui de sa comptabilité, avec les reçus des parties prenantes.

Le Trésorier général tient un relevé spécial des dépenses d'achat de matériel, avec l'indication des marchandises livrées; il rapproche ce relevé, toutes les fois qu'il le juge utile, des écritures de l'agent comptable matières.

En fin d'année, le comptable matières dresse le compte des opérations par lui effectuées.

Ce document est transmis au Trésorier général, qui l'annexe à son compte de gestion après s'être assuré, sous sa responsabilité, qu'il concorde, quant aux entrées, avec le relevé spécial dressé par ses soins.

Les pertes et déchets ne résultant pas de la faute de l'agent comptable font l'objet de procès-verbaux signés par le Préfet et adressés au Ministre de l'Agriculture et du Ravitaillement, qui émet, pour la valeur des objets détruits ou dépréciés, une ordonnance sur les crédits de son budget au profit du compte extrabudgétaire du département.

ART. 6.

Les avances consenties aux exploitants, soit en numéraire, soit en nature, ne peuvent excéder au total le maximum de 250 francs par hectare de terre cultivable pour les parcelles abandonnées, et de 1 000 francs par hectare de terre cultivable pour les exploitations abandonnées.

Ces maxima sont respectivement portés à 500 et à 2,000 francs si les exploitants sont des agriculteurs des régions envahies.

Les avances sont consenties pour une durée qui ne peut dépasser le 31 décembre de l'année où doit se terminer la campagne agricole à laquelle lesdites avances se rapportent.

Les bénéficiaires d'avances en nature devront rembourser en numéraire le prix des objets, majoré, s'il y a lieu, des frais de transport et autres frais accessoires.

Les avances peuvent être renouvelées, mais avec réduction d'un cinquième ou d'un dixième au moins, pour chaque campagne agricole, selon qu'il s'agit d'un exploitant ordinaire ou d'un exploitant venant des régions envahies.

ART. 7.

Le Comité départemental d'action agricole désigne un ou plusieurs délégués pour surveiller et contrôler la façon dont sont exploitées les terres par les bénéficiaires d'avances. Ces délégués, qui peuvent être soit des membres du Comité, soit des fonctionnaires du Département de l'Agriculture , soit des agriculteurs qualifiés, font des rapports au Comité départemental et lui proposent les mesures qui leur paraissent nécessaires.

Ces Inspecteurs délégués peuvent recevoir une indemnité dont le montant, déterminé par arrêté réglementaire concerté entre le Ministre de l'Agriculture et du Ravitaillement et le Ministre des Finances, est imputé, sur les crédits ouverts au Ministère de l'Agriculture, pour les frais généraux du service.

ART. 8.

Dans le cas où, par la faute ou par le fait de l'exploitant, le remboursement de l'avance paraît compromis au délégué inspecteur, celui-ci en avise d'urgence le Comité qui, par lettre recommandée, fait connaître à l'intéressé les griefs relevés contre lui et lui fixe la date à laquelle il sera entendu pour fournir, en personne ou par mandataire, les explications qu'il croira utiles. Passé cette date, le Comité, après avoir pris connaissance des explications écrites qui pourraient être produites, décide, s'il y a lieu, de poursuivre le remboursement immédiat de l'avance. Dans cette dernière hypothèse, la décision est notifiée à l'intéressé par la voie administrative, et la liquidation poursuivie dans les conditions et formes arrêtées par le Comité départemental.

ART. 9.

Le Trésorier général poursuit le remboursement des avances suivant la procédure prescrite par l'article 72 du décret du 12 juillet 1893 sur la comptabilité départementale.

Au 31 décembre de chaque année, le Trésorier général établit un état des restes à recouvrer, qu'il soumet au Comité départemental en rendant compte des motifs de non recouvrement.

Le Comité détermine les parties de l'arriéré à reporter à l'exercice suivant et dresse, s'il y a lieu, le relevé des reliquats dont il propose l'admission en non-valeurs et il établit également le relevé de ceux qu'il estime devoir être mis à la charge du comptable. Des expéditions de ces deux relevés et de l'état des restes à recouvrer sont adressées par le Préfet au Ministre de l'Agriculture et du Ravitaillement. Ce dernier, après avoir arrêté définitivement les sommes à admettre en non-valeurs, en ordonnance le montant sur les crédits budgétaires de son Administration au profit du compte hors budget du département. Il arrête également les sommes à laisser à la charge du Trésorier général.

ART. 10.

Les avances consenties aux Comités départementaux sont inscrites à un compte à ouvrir dans les services hors budget du département sous le titre « Mise en culture, par l'intermédiaire du Comité départemental d'action agricole, des parcelles ou exploitations abandonnées ».

Sont portés à ce compte :

En recettes :

1° Les avances consenties par le Ministre de l'Agriculture et du Ravitaillement;

2° Le remboursement, par les agriculteurs bénéficiaires des terres à mettre en culture, des avances à eux consenties;

3° Le montant des ordonnances émises en vertu de l'article 12 du présent décret au profit du compte sur les crédits du Ministère du Blocus et des Régions libérées et représentant les indemnités pour dommages de guerre dont les bénéficiaires des avances ont donné délégation;

4° Le montant des ordonnances délivrées au profit du même compte sur les crédits du Ministère de l'Agriculture en représentation des admissions en non-valeurs de sommes avancées et des pertes et déchets sur les approvisionnements constitués en vue de l'allocation des avances en nature.

En dépenses :

1° Les avances consenties en numéraire aux agriculteurs bénéficiaires;

2° Les dépenses d'achat de matériel et produits destinés aux avances en nature, majorées des frais de transport et autres frais accessoires;

3° Les remboursements au compte spécial du Trésor « Travaux de culture » des avances reçues par le Comité départemental.

Les Comités départementaux doivent instituer une comptabilité spéciale des avances qui leur sont accordées en vertu de la loi du 4 mai 1918 et du présent décret.

A cet effet, il est tenu un compte spécial par exploitant sur lequel est inscrit à son débit le montant des avances qui lui sont consenties, et à son crédit le montant des remboursements opérés par lui.

En fin d'année, il sera rendu compte au Ministre de l'Agriculture et du Ravitaillement et à la commission prévue à l'article premier, de la situation générale du compte départemental hors budget et de la situation de chaque compte particulier.

ART. 11.

En fin de campagne agricole et après la vente des récoltes, chaque exploitant adresse au Comité départemental d'action agricole un compte rendu des résultats de son exploitation.

ART. 12.

En ce qui concerne les avances consenties aux agriculteurs des régions envahies et lorsque, en vue de la reconstitution de leurs exploitations primitives, ils déclarent vouloir conserver tout ou partie de leur matériel ou de leur cheptel, acquis au moyen desdites avances, une expertise contradictoire en déterminera la valeur qui ne doit en aucun cas dépasser le prix réel d'achat; cette valeur est imputée sur l'indemnité à recevoir par les intéressés au titre de la réparation des dommages de guerre, à concurrence du montant total de cette indemnité.

ART. 13.

L'Inspection générale du crédit et des associations agricoles subventionnées est chargée de suivre l'utilisation des avances accordées en application de la loi du 4 mai 1918 et du présent décret, tant en ce qui concerne les avances accordées par l'État aux Comités que les avances attribuées par ces Comités aux exploitants, et d'en contrôler l'emploi.

Les Inspecteurs ont le droit de demander, tant aux Comités départementaux qu'aux agriculteurs bénéficiaires des avances, toutes pièces justificatives qu'ils jugent utiles.

ART. 14.

Aucune dépense d'ordre administratif ne peut être imputée par les Comités départementaux d'action agricole sur les fonds qui leur sont avancés par l'État et qui doivent être intégralement consacrés à des avances aux exploitants.

Il est pourvu aux frais de contrôle des avances accordées et aux frais de fonctionnement des Comités départementaux nécessités par l'application de la loi du 4 mai 1918 à l'aide des crédits spéciaux alloués au Ministre de l'Agriculture et du Ravitaillement.

Le Ministre des Finances devra être consulté sur toutes les mesures financières ou comptables que comportera l'exécution du présent décret.

ART. 15.

Le Ministre de l'Agriculture et du Ravitaillement, le Ministre des Finances et le Ministre du Blocus et des Régions libérées sont chargés, chacun en ce qui le concerne, de l'exécution du présent décret, qui sera publié au *Journal officiel* et inséré au *Bulletin des lois*.

Paris, le 12 juillet 1918.

R. POINCARÉ.

Par le Président de la République :

*Le Ministre de l'Agriculture
et du Ravitaillement,*
VICTOR BORET.

Le Ministre des Finances,
L.-L. KLOTZ.

Le Ministre du Blocus,
LEBRUN.

ANNEXE N° 4.

FORMULE DE DEMANDE D'AVANCE
POUR UN AGRICULTEUR ISOLÉ.

A   le   1918.

Monsieur le Préfet,

J'ai l'honneur de demander une avance sans intérêt de   francs par application de la loi du 4 mai 1918 relative à la mise en culture des terres abandonnées.

Cette avance sera employée à la remise en culture des terres suivantes (indiquer le nom du propriétaire, ou des propriétaires, la surface, le lieu dit, et depuis combien de temps les terres sont en friche) :

Terres labourables....................   hectares.
Prés et herbages......................   hectares.
Pâtures..............................   hectares.
Bois ....   hectares.
Vignes..............................   hectares.

Ces terres, qui ont été réquisitionnées par vous le   m'ont été concédées par votre décision en date du

OU BIEN

Je viens de reprendre ces terres à bail pour une durée de   années et je joins à la présente demande une copie certifiée du bail ou de la promesse de bail (ou des baux) conclus avec le propriétaire (ou avec les propriétaires).

Je joins également une copie de l'accord intervenu entre l'exploitant habituel et moi au sujet de la durée du contrat (art. 4, § 4 de la loi).

Sur cette exploitation où je vais entrer le   je me propose de pratiquer le système de culture qui suit : (Fournir des indications sur l'assolement, énumérer les cultures projetées, signaler l'importance du cheptel à acquérir, et, d'une manière générale, donner un plan d'ensemble.

J'aurais besoin que le montant de l'avance me fût versé aux dates ci-après :

Premier acompte le

Deuxième acompte le

Troisième acompte le

Les mandats devront être établis à mon nom.

Cette avance ne sera utilisée que pour des besoins nettement agricoles, et comme il suit :

1° Achat de bestiaux, chevaux, vaches, bœufs, brebis . . . .   fr.

2° Achat de matériel (donner le détail). . . . .   fr.

3° Achat de semences. . . . .   fr.

4° Achat d'engrais . . . .   fr.

5° Payement du prix de fermage fixé par le Comité départemental d'action agricole pour les terres réquisitionnées et du prix de fermage convenu avec le propriétaire lorsqu'il y a accord amiable. . . . .   fr.

6° Fonds de roulement (comprenant les dépenses de main-d'œuvre, les frais d'assurances). . . . .   fr.

Je prends l'engagement de rembourser les sommes qui me seront accordées, conformément aux prescriptions de la loi du 4 mai 1918 et du décret d'administration publique, de remettre un effet régulier au moment du versement de l'avance, d'assurer le personnel, les animaux, les récoltes de mon exploitation contre les risques suivants : accidents professionnels, incendie, grêle, mortalité du bétail, de vous rendre compte chaque année, avant le   des résultats de l'exploitation, de tenir une comptabilité régulière comprenant obligatoirement au moins un livre-journal de recettes et de dépenses et un inventaire annuel, de me soumettre aux opérations de contrôle et de surveillance prévues par la loi.

Étant évacué de   où j'exploitais une ferme de   hectares, je prétends avoir droit à une indemnité pour réparation et dommages de guerre s'élevant à   francs et je demande que le remboursement des avances qui me seront consenties soit effectué, tout au moins en ce qui concerne le cheptel et le matériel par un prélèvement sur cette indemnité.

Adresse :

Signature :

ANNEXE N° 5.

FORMULE DE DEMANDE D'AVANCE

POUR UNE ASSOCIATION AGRICOLE.

A   le   191.

Monsieur le Préfet,

La Société coopérative de culture de   a l'honneur de demander une avance sans intérêt de   francs, par application de la loi du 4 mai 1918 relative à la mise en culture des terres abandonnées.

Cette avance sera employée à la remise en culture des terres suivantes (indiquer le nom du propriétaire, ou des propriétaires, la surface, le lieu dit, et depuis combien de temps les terres sont en friche) :

Terres labourables. . . . .   hectares.
Prés et herbages . . . .   hectares.
Pâtures. . . . .   hectares.
Bois . . . .   hectares.
Vignes . . . .   hectares.

Ces terres qui ont été *réquisitionnées* par vous le   nous ont été concédées par votre décision en date du

OU BIEN :

Nous venons de *reprendre ces terres à bail* pour une durée de   années et nous joignons à la présente demande une copie certifiée du bail (ou des baux) conclus avec le propriétaire (ou avec les propriétaires).

Nous joignons également une copie de l'accord intervenu entre l'exploitant habituel et nous au sujet de la durée du contrat (art. 4, § 4 de la loi).

Sur cette exploitation, où nous allons entrer le   nous nous proposons de pratiquer le système de culture qui suit : (Fournir des indications sur l'assolement, énumérer les cultures projetées, signaler l'importance du cheptel à acquérir et d'une manière générale, donner un plan d'ensemble).

Nous aurions besoin que le montant de l'avance fût versé aux dates ci-après :

Premier acompte le
Deuxième acompte le
Troisième acompte le

Les mandats devront être établis au nom de M.   , qui a reçu pouvoir de toucher cette avance, par décision du Conseil de la Coopérative en date du   et je joins à cette demande une copie certifiée conforme, de cette délibération.

Cette avance ne sera utilisée que pour des besoins nettement agricoles, et comme il suit :

1° Achat de bestiaux, chevaux, vaches, bœufs,
   brebis . . . .   fr.
2° Achat de matériel (donner le détail). . . . .   fr.
3° Achat de semences. . . . .   fr.
4° Achat d'engrais. . . . .   fr.
5° Payement du prix de fermage fixé par le Comité
   départemental d'action agricole pour les terres
   réquisitionnées ou du prix du fermage convenu
   avec le propriétaire lorsqu'il y aura accord
   amiable. . . . .   fr.
6° Fonds de roulement (comprenant les dépenses de
   main-d'œuvre, les frais d'assurance, etc.). . . .   fr.

Nous prenons l'engagement de rembourser les sommes qui nous seront accordées, conformément aux prescriptions de la loi du 4 mai 1918 et du décret d'administration publique, de remettre un effet régulier au moment du versement de l'avance, d'assurer le personnel, les animaux, les récoltes de notre exploitation contre les risques suivants : accidents professionnels, incendie, grêle, mortalité du bétail, de vous rendre compte chaque année, avant le   , des résultats de l'exploitation, de tenir une comptabilité régulière comprenant obligatoirement au moins un livre-journal de recettes et de dépenses et un inventaire annuel, de nous soumettre aux opérations de contrôle et de surveillance prévues par la loi.

Siège social de la Société coopérative :

Signature :